AF253598

LES FAUTES

FINANCIÈRES

DE M. LAFFITTE,

Approuvées pour la troisième ou quatrième fois par les Chambres,

ET

RÉCLAMATIONS

Soumises aux prêteurs dans les emprunts de 1817 à 1821, touchant le droit d'un huitième pour cent que s'était réservé l'auteur du plan qui, par son exécution, a rendu les emprunts praticables et, par sa permanence, a détruit l'usure et l'agiotage, les plus grands ennemis du crédit public.

> Les hommes passent ; les écrits restent : la postérité juge.

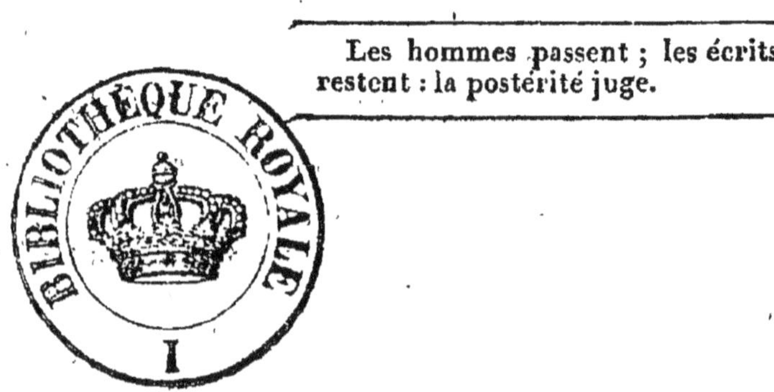

PARIS,

Chez MM. PÉLICIER et DENTU (au Palais-Royal, et les MARCHANDS DE NOUVEAUTÉS.

—

Août 1820.

AVIS.

Les Prêteurs qui voudront remplir le droit de l'auteur et les personnes qui daigneront encourager ses travaux généralement utiles, sont priés de faire parvenir l'avis, franc de port, de leurs souscriptions à M. Depoix, auteur, Faubourg - Poissonnière, chez M. Rosepremière, maison attenante à la barrière et au jardin du Delta; il se conformera à l'avis, et prouvera par ses ouvrages la vérité de ses assertions.

Il espère que le bureau de la *Gazette de France* dont les rédacteurs lui ont témoigné une bienveillance honorable, recevra les souscriptions qui ne lui seraient par remises directement.

La liste des protecteurs du crédit public, soit sous leurs noms, soit sous les anonymes, sera imprimée et envoyée à mesure aux souscripteurs encourageans.

Nota. Je lis dans le *Journal des Débats* du 6 août qu'une ordonnance vient d'autoriser la Caisse hypothécaire. C'est précisément l'inverse de la marche du crédit public que de demander des intérêts et d'ajouter aux hypothèques dont on a déjà que trop sujet de se plaindre; il faut au contraire qu'en répandant des intérêts, comme une pluie d'or, on porte la fertilité par tout ; voir le titre de crédit, page 6, deuxième paragraphe.

Imprimerie de mad. JEUNEHOMME - CRÉMIÈRE, rue hautefeuille, n° 20.

LES FAUTES

FINANCIÈRES

DE M. LAFFITTE.

Depuis plusieurs années M. Laffitte s'opiniâtrait à demander la réduction du capital de la Banque de France, et n'ayant pu l'obtenir il vient de faire autoriser le remboursement de la réserve.

Nous allons prouver à M. Laffite que ni l'intérêt de la Banque, ni l'intérêt de ses actionnaires n'exigeait cette mesure, et que cette opération est contraire au crédit public, en même temps qu'elle viole les statuts de la Banque de France avec le gouvernement.

1° La Banque de France ne pouvait que gagner en crédit en laissant attachée à son capital une réserve qui ajoutait une plus forte garantie à son papier de circulation, et les avantages du privilège sur son principal ne pouvaient, avec une bonne administration, que refluer sur ses accessoires.

2° Les actionnaires ne pouvaient espérer

de placer mieux leur argent que dans les valeurs acquises par la réserve qui a élevé plus
d'une fois les dividendes de la Banque.

3º L'opération est contraire au crédit public dont les actions de la Banque font partie,
puisqu'en vendant les 5 pour cent acquis par
la réserve, on jette sur la place une sura-
bondance de valeurs, sans trouver de com-
pensation dans un remboursement dont le
replacement est assujetti à une multitude
d'intérêts ; et si la Banque avait vendu par an-
ticipation les 5 pour cent de la réserve, la ren-
trée des fonds de la réserve dans les fonds publics, n'aurait pu qu'être avantageuse au crédit
public.

4º La Banque de France n'avait reçu son
privilège qu'à condition de placer sa réserve
dans les fonds de l'Etat, et on peut comparer
cette obligation à celle qu'aurait exigée un
propriétaire qui, en donnant l'exploitation
d'une ferme, serait convenu avec le preneur,
que le surplus des engrais serait porté sur telle
ou telle autre terre.

Non seulement la Banque vient de se faire
autoriser à ne pas continuer les engrais auxquels elle s'était obligée, mais elle retire
tous ceux qu'elle a mis depuis sa mise en
jouissance.

Si M. Laffitte a imaginé ce moyen pour augmenter les dividendes de la Banque de France et la valeur de l'action, il s'est trompé; il n'aura que retiré un service et n'aura pas obtenu ce qu'il espère; cela conduira M. Laffitte à atténuer encore les services de la Banque en demandant à la première session le remboursement d'une partie de son capital, pensée étroite, mesquine, ou qui se rattache à quelques intérêts isolés.

Toujours le remboursement de la réserve ne fera rien gagner à l'action. C'est le moins qui puisse lui arriver, lorsqu'on a démontré à M. Laffitte par un ouvrage dont il a reçu le premier exemplaire et duquel il a accusé la réception, qu'en suivant le systême indiqué dans cet ouvrage, *la Banque de France augmenterait ses services, obtiendrait de plus forts dividendes, et verrait ses actions s'élever au dessus de* 1800 fr., ce qui eût bonifié à l'instant son capital de 3o millions.

Mais il faut se pénétrer de ces principes que les Banques doivent se mettre en communications amicales ou intéressées, avec les caisses publiques et particulières; que tout leur art consiste dans le mouvement des valeurs numériques et représentatives; que leur boussole est dans le calcul des espèces réelles en dedans par le papier représentatif en dehors ; ou du papier représentatif en dedans par les espèces réelles en dehors ; de sorte que, par de simples échanges avec les caisses en rapports avec elles , ces Banques ont toujours à leur disposition autant de papier représentatif et d'espèces réelles qu'il leur en faut pour leur service : c'est ainsi que lacaisse du commerce , moins bien fondée que la Banque de France , s'est montrée supérieure en crédit.

Suivant le plan de l'ouvrage précité , il est établi que , comme les Banques resteraient oisives sans l'instrument de la lettre-de-change, ou du mandat, le crédit public ne peut se développer que par la création d'un titre de crédit dont voici le modèle :

Inscription de la Caisse d'amortissement , ou de la Caisse du crédit ci . . . . . 5oo fr.

Engagée à Adam (François) pour prêt de 7,000 fr. établis sur le cours de 7o fr. lequel jouira des intérêts , ou de partie (désigner la somme) payable à l'une des Caisses générales, ou d'arrondissemens du département où la demande en aura été faite un mois avant l'échéance du sémestre, ou à ce défaut à Paris , sans prime ou avec prime d'un quart dans les bénéfices acquis dans la valeur de l'inscription à l'échéance, et peut transmettre par ordre ses droits.

Paris, le

Le directeur du Grand livre,

Signé,

Au bas :

A six mois de vue ou *de rappel*, la caisse du crédit remboursera, à M. Adam (François), ou à son ordre, la somme de 7,000 fr. et la prime seulement en cas de rappel, au moyen de l'acquit de la dite somme ; ou après sommation publique dans les journaux et affiches, de son dépôt à la caisse des consignations, l'inscription susdite sera rendue libre.

Paris, le

Le Caissier de la Caisse du crédit des fonds publics,

Signé,

Nota. Ce titre pourra être délivré nominativement à des compagnies qui pourront, en l'affectant avec leur garantie, émettre un papier de circulation égal au montant de la valeur prêtée, mais à charge d'un remboursement à bureau ouvert et à vue ; ce papier qui serait visé par la caisse du crédit des fonds publics remis aux actionnaires, serait reçu partout, hors le Trésor royal. C'est le moyen de mettre la dette publique qui est *inerte*, en circulation, et de la rendre active; et plus elle s'augmenterait, plus on en tirerait de prospérité, problême qu'il m'appartenait de résoudre.

La Banque d'après ce plan adressé depuis long-temps à M. Laffitte, eût pris à titre d'engagemens, pour le temps de la durée de son privilège, de la Caisse d'amortissement un titre de crédit d'une valeur au cours de quatre - vingt - dix millions qui lui eût rendu . . . . , ... 7 pour cent.

Elle eût créé 110 millions
de billets de caisse ci 4
Ses commissions 2
Dividende annuel . . . . . 13 pour cent.

(Son dividende brut ne s'est pas élevé au dessus de 8 pour cent, et il s'est trouvé au dessous de 6 pour cent.

La Banque eût réalisé sa réserve en espèces et eût ajouté une pareille émission de billets de Caisse à son capital : ces billets se seraient trouvés compris dans les 110 millions ci-dessus.

Elle eût eu auprès du Trésor royal qui manipule chaque année la moitié des espèces de la France, la faculté d'un échange de billets contre du numéraire, mais à ses frais si on eût été obligé d'en faire venir exprès des départemens.

Cette faute financière de M. Laffitte est donc démontrée aussi complétement que je lui ai prouvé et vais le prouver encore , qu'étant auteur du premier plan de crédit et d'emprunt, il m'a fait tort d'un droit d'un huitième p. o/o que je m'étais réservé : c'était environ 5o,ooo f. pour sa maison qui a gagné 5 millions sur cet emprunt, emprunt qu'un an auparavant on regardait comme impossible dans son exécution (voir les mémoires du temps, notamment ceux de M. Victor Cassas , syndic des Courtiers de commerce , et de M. Casimir Perrier) : on avait bien la matière première, mais on ne savait pas la manutentionner ; c'était le bois tel que la nature le produit , mais on ne connaissait pas l'art qui lui donne plus de prix.

Les maisons Étrangères et Françaises s'en étaient loyalement remises à la justice de M. Laffitte, auquel j'avais prouvé mon antériorité par mes ouvrages imprimés en 1816 et par des lettres de réception ministérielles de la même époque. Dans mes ouvrages seuls on trouve des moyens, mais M. Laffitte avait dit non , et jamais il ne dit oui après avoir dit non : son amour propre en serait trop fortement blessé, et l'auteur du plan qui lui a fait gagner 5 millions auxquels il ne songeait même pas un an auparavant, n'a rien eu, pendant qu'il distribuait à ses commis, instrumens manuels, 200,000 fr. et qu'il donnait 100,000 fr. aux pauvres. N'autorisait-il pas à lui dire : Payez la dette de l'auteur dont le droit doit suivre avant tout les produits de la chose qu'il a mise en valeur, dans quelques mains qu'elle soit passée ; il est votre créancier le plus légitime.

En effet mes services sont incontestables dans la matière abstraite du crédit public.

En février 1816, j'ai imprimé la première partie de mes travaux sur le crédit public, j'indiquai dans cet ouvrage le moyen de rembourser intégralement notre arriéré, ainsi qu'on doit le faire ; j'y faisais sentir, en critiquant les achats accidentels de la Caisse d'amortissement, que les achats régulièrement faits par jour étaient préférables ; ce moyen a été adopté : je conseillais de mettre les forêts, dont on voulait nantir les créanciers de l'état, à la disposition de la Caisse d'amortissement ; elles lui ont été remises.

En mars 1816, j'ai donné au ministère des finances qui m'en a accusé réception, le plan d'emprunt et de crédit sur 48 millions de rentes avec les moyens d'exécution pour nous liquider et faire sortir du Royaume les alliés qui n'auraient pas refusé alors de nous faire une remise de cent millions, et qui nous auraient épargné encore une dépense de solde et d'entretien de troupes de plus de 500 millions : un an auparavant on n'avait pu réaliser, sans faire baisser le cours des effets publics, six millions de rentes, et par le plan que j'ai donné, et qui a été renvoyé à la commission du budget du ministère des finances, *dont M. Laffitte était membre*, les traitans ont obtenu et réalisé 360 millions sur 30 millions de rentes avec un bénéfice de plus de 80 millions. Ces moyens sont de maintenir l'intérêt légal dans les reports des effets publics avec un fonds qu'on a pu réduire à 10 millions, et qui donne un intérêt de 4 à 5 pour cent, et ainsi empêcher l'usure et l'agiotage, les plus grands ennemis du crédit public, et pareillement empêcher par là de submerger l'amortissement ; ces moyens sont ensuite d'engager les rentes et de les apporter sur la place à mesure des demandes ; de réengager le trop et de suivre ces opérations jusqu'à entière liquidation des emprunts. A l'aide de ces moyens on peut élever et maintenir la rente au pair, *cours auquel seul elle doit être aliénée, après avoir été auparavant engagée ;* si on veut avoir un crédit respectable, qu'on fasse des titres de crédit comme celui indiqué ci-dessus, et qu'on ne vende qu'au pair.

En juillet 1816, j'ai fait imprimer la seconde partie de mes travaux sur le crédit public qui renferme le plan et les moyens que j'ai donnés au ministère des finances. (1)

En février 1817, j'ai imprimé un petit ouvrage dans lequel j'ai rappelé ces moyens et que j'ai intitulé : *Nous pouvons et devons faire nos emprunts chez nous, et auxiliairement chez l'étranger*, ouvrage qui appelle nos banquiers à concourir aux emprunts avec toute l'énergie du patriotisme, et qui porte pour épigraphe :

---

(1) J'avais bien, toujours en me réservant pendant dix ans 1/8 p. o/o, donné au gouvernement, le 3 septembre 1808, le plan de classement de la rente par le report de 3o à 4o centimes, et celui des actions de la Banque par le report de 5 francs (sans ce moyen les actions ne seraient pas à 14oo francs), mais ce plan tomba dans la spéculation particulière ; et ce n'est que depuis 1816, que l'ayant redonné au ministère des finances, il devint, avec l'engagement à temps que j'y ajoutai à cause de la nouvelle émission des rentes, le **moyen** infaillible de réalisation de nos emprunts avec avantage, et d'amélioration du crédit public.

Dans ce moment où on s'occupe de la gestion de la Caisse de service, elle doit avoir un beau compte à rendre. Rien que dans cette partie, à ma connaissance, sur les trois millions de rentes achetées en octobre et novembre 1808, pour en maintenir le cours à 8o fr., et qu'elle a revendues par le moyen de mon plan de reclassement, avec encore beaucoup d'autres rentes à découvert, d'avril en août 1809, elle a dû, sur cette opération notoirement faite pour le gouvernement,

« Débarrasser les entraves ; employer les
« meilleurs moyens, et nous aurons trouvé le
« crédit. »

réaliser un bénéfice de trois millions, ci . . 3,000,000

Vingt millions placés tous les mois dans
les reports, quand cela ne serait qu'à 1/3
p. o/o pendant dix ans , ci 8,000,000

Débet 11,000,000

Je désire me tromper ; mais tout homme doit compte
à son pays de ses pressentimens sur les erreurs ou les
fautes dans l'administration de la fortune publique.

M. Jourdan a refusé d'acquitter le droit que je m'é-
tais réservé , comme M. Laffitte s'y est refusé depuis
pour les emprunts ; cependant l'acquéreur d'un vais-
seau de l'état qui aurait disposé des agrés d'un parti-
culier, en devrait le prix ou le louage à son retour : et
parce qu'on s'est servi visiblement d'un plan qui est
l'industrie d'un autre , on repoussera avec mépris sa
réclamation !...

Les autres prêteurs seront justes , et je n'aurai pas
besoin que le gouvernement intervienne et juge dans
l'espèce après avoir résolu affirmativement ces ques-
tions :

1º Le report maintenu à l'intérêt légal est avantageux par le classement qu'il opère des effets publics.

2º L'engagement est avantageux par le détourne-
ment des effets publics de la place pendant et après
l'émission.

Q'une indemnité au moins de 1/8 p. o/o est due à
l'auteur qui prouve son antériorité par ceux qui ont
employé et qui emploient encore ce plan à leur profit.
Tout était déréglé ; j'ai tout réglé.

En mars 1817, j'ai publié une autre petite brochure intitulée : *Préventions contre la disposition de nos moyens de crédit.* où je fais voir les bévues du ministre qui a donné nos emprunts à l'étranger et qui a été soutenu chaudement par M. Laffitte, dans ce systême ruineux pour l'état ; ce n'est pas que M. Laffitte ne soit revenu de cette erreur , mais cette première faute nous coûte 500 millions.

En décembre 1817, j'ai publié l'*Art du crédit public*, brochure de cinq feuilles : et en avril 1819, j'ai encore publié l'*Art du crédit public*, simplifié et réglé en 21 articles, en une demi feuille : le 3 février 1819, la *Gazette de France* qui l'avait vu probablement avant le manuscrit adressé aux chambres, l'a traité d'*Institution financière immense ;* j'y censurais la création d'une Caisse hypothécaire et le plan en a été désapprouvé depuis; j'y disais qu'il était au dessous de la dignité de l'Etat, ainsi que le proposait le ministre baron Louis, de donner aux prêteurs dans les nouveaux emprunts le pouvoir de vendre la rente qui leur aurait été engagée à défaut de remboursement dans les termes pris avec eux , et le ministre a abandonné cette idée; je me prononçais contre le remboursement d'une partie du capital de la Banque de France, autre faute avortée de M. Laffitte, et ce remboursement a cessé d'être demandé; j'y disais que le report est le pouls du crédit, et le report est aujourd'hui côté.

La prime de crédit dans mes ouvrages a porté les actions de 1000 fr. de l'emprunt de la ville, à 1400 fr. Les idées sont électriques.

J'ai date authentique; mais l'incapacité ou l'inexpérience peut chercher à me disputer mon plan.

Dans tous mes ouvrages, j'avais stipulé ou rappelé comme auteur un droit d'un huitième pour cent pendant cinq ans sur les opérations qu'ils indiquaient.

Toutes les améliorations du crédit public m'appartiennent évidemment; elles ont profité à tous les prêteurs dans nos emprunts, et notamment valu 5 millions à M. Laffitte la première année : et il a refusé d'acquitter le droit sacré que je m'étais réservé, et il a encore empêché ses co-traitans et sous traitans de le remplir.

Ce n'est point par ce que disent les hommes, qu'il faut les juger bons ou mauvais, c'est par leurs actions; et celles de M. Laffitte ne prouvent ni un bon citoyen, ni un philantrope; il a d'ailleurs de grands talens comme banquiers, je les lui reconnais.

Il fallait pour donner le plan de crédit et d'emprunt, des moyens, du dévouement et de l'expérience.

Que le publiciste alors qui aurait réuni ces trois qualités nécessaires plus difficiles à rencontrer dans la matière du crédit public, qu'un quaterne à la loterie, se fasse connaître, et s'il a donné un plan jugé meilleur, ou au moins égal au mien et qu'il justifie de son antériorité, je lui céderai la pomme.

Mirabeau avec des moyens et du dévouement, a erré dans la matière abstraite du crédit public.

Au commencement de 1818, je prévoyais dans ma lettre financière, la catastrophe ar-

rivée à la suite de l'emprunt, et je rappelais
les moyens de l'éviter. Je donnais à la fin de
cette lettre le plan d'une Caisse générale
des agens-de-change, où se feraient tous les
transferts qu'elle ferait expédier, et où se réaliseraient toutes les opérations entre les vendeurs et les acheteurs, de manière que, quels
que soient la moralité et les moyens des agens,
les négociations se réaliseraient sans danger à
cette Caisse où les agens enverraient leurs
bordereaux de négociations, et les vendeurs
et les acheteurs apporteraient et retireraient
titres et argent.

Tant de moyens ne sont point dus au hasard.
Je les ai donnés à notre siècle et légués à l'ave-
nir, et je pense avoir ajouté immensément au
bonheur des humains.

Je finis en répétant ce que j'ai dit dans
cette lettre financière, que la différence qu'il y
a entre un bon et un mauvais système peut être
comparée à celle qui existerait entre deux
échelles à incendies, dont l'une qui par sa
disposition vicieuse vous précipiterait dans les
flammes, serait condamnée, et dont l'autre
qui vous en sauverait serait approuvée et aurait seule tout le mérite de l'invention utile ;
et je m'en remets, quant à ma réclamation, à
l'équité des prêteurs dans nos emprunts ; et
quant au service que j'ai rendu à mon pays
en détruisant l'agiotage et en mettant le crédit
public à l'abri de toute mauvaise atteinte, je
m'en rapporte à la justice de tous les Fran-
çais.

DEPOIX.

www.ingramcontent.com/pod-product-compliance
Lightning Source LLC
Chambersburg PA
CBHW051436060726
47596CB00006B/2509